LE

SOURD-MUET

DEVANT LA LOI FRANÇAISE

SES DROITS — SES DEVOIRS

Le Sourd-Muet et le Code civil

Le Sourd-Muet et le Code d'instruction criminelle

PAR

Adolphe Bélanger

Professeur à l'Institution Nationale des Sourds-Muets de Paris
Expert près les Tribunaux

PARIS
ATELIER TYPOGRAPHIQUE DE L'INSTITUTION NATIONALE
DES SOURDS-MUETS
254, RUE SAINT-JACQUES, 254

1906

LE SOURD-MUET

DEVANT LA LOI FRANÇAISE

SES DROITS — SES DEVOIRS

LE

SOURD-MUET

DEVANT LA LOI FRANÇAISE

SES DROITS — SES DEVOIRS

Le Sourd-Muet et le Code civil

Le Sourd-Muet et le Code d'instruction criminelle

PAR

Adolphe Bélanger

Professeur à l'Institution Nationale des Sourds-Muets de Paris

Expert près les Tribunaux

PARIS

ATELIER TYPOGRAPHIQUE DE L'INSTITUTION NATIONALE

DES SOURDS-MUETS

254, RUE SAINT-JACQUES, 254

1906

LE SOURD-MUET DEVANT LA LOI FRANÇAISE

SES DROITS, SES DEVOIRS

Par suite de son infirmité et de son abandon, le sourd-muet, jusqu'à la fin du siècle dernier, se trouvait mis hors la loi par tous les législateurs. Nous ne rappellerons pas ici les rigueurs des lois spartiates, la dureté du code Justinien à son égard. Les lois françaises elles-mêmes le considéraient plutôt et, il faut bien le dire, non sans raison, comme un incapable. Il y aurait certes une étude curieuse et intéressante à tenter de ce côté, mais elle nous entraînerait trop loin de notre but dans ce travail. Nous renverrons d'ailleurs les chercheurs et les curieux à des sources autorisées où ils trouveront de quoi les satisfaire.

La venue de l'abbé de l'Epée changea complètement la face des choses; il y avait en effet à distinguer entre le sourd-muet instruit, sachant lire et écrire, et entre le sourd-muet sans instruction, délaissé, abandonné à lui-même, n'ayant acquis, suivant le milieu dans lequel il se trouvait, qu'un nombre plus ou moins considérable d'idées, de notions générales, confuses, souvent fausses, et n'ayant pour les exprimer que la mimique qu'il avait imaginée.

Il ne faudrait pas comparer le sourd-muet non instruit à l'entendant qui ne sait ni lire, ni écrire; ce dernier ayant reçu par l'oreille et acquérant constamment mille notions, mille connaissances qui font totalement défaut au sourd-muet, pouvant comparer sa situation à celle de son voisin, connaissant, du moins en partie, ses droits, ses devoirs, sachant exprimer sa pensée, ses désirs, sa volonté d'une façon précise, mais auquel fait défaut seulement un mode d'expression : l'écriture.

Sans instruction, sans éducation, les sourds-muets n'ont aucune idée des lois, des usages de leur pays, ils ne connaissent ni leurs droits, ni leurs devoirs et ne peuvent réclamer les uns et se soumettre aux autres; mais depuis que l'instruction les transformant en a fait comme nous des hommes pensant, agissant, tenant leur place dans la société humaine, et les a rendus des membres utiles, les lois se sont modifiées à leur avantage, elles n'ont plus laissé subsister que quelques exceptions nécessitées par le défaut d'audition. Nous voudrions, dans cette étude, examiner d'une façon impartiale la situation du sourd-muet devant les lois de son pays, voir quels sont ses droits, ses devoirs, et comment il peut se conformer aux habitudes et aux usages généraux.

En principe, les sourds-muets, grâce à leur instruction et à leur éducation, jouissent comme tous les Français des mêmes droits civils et politiques. La privation de l'ouïe, pas plus que les autres tares physiques, n'est pour eux et ne peut être la cause unique de la privation d'aucun droit. Il en résulte qu'ils ont les mêmes obligations que tous les citoyens au point de vue de la loi, sauf celles que leur infirmité les empêche physiquement de remplir.

Mais, de même que la loi protège par des dispositions spéciales les incapables, les idiots, les aliénés, de même nous devrons distinguer assez souvent entre le sourd-muet d'intelligence faible chez lequel une tare cérébrale se sera adjointe à l'infirmité qui nous occupe, entre celui qui, pour une cause quelconque, n'aura pu bénéficier de l'instruction, de l'éducation générale, ce qui nous amènera à faire quelques restrictions plus particulières. Notre code civil, le code Napoléon, s'occupe très rarement de la situation des sourds-muets; il s'agira donc simplement, étant donnés les différents droits qu'ils possèdent dans la vie sociale, de voir si la loi dans son texte général leur permet de les exercer et de quelle façon ils peuvent le faire.

Nous ne parlerons que pour mémoire du droit du sourd-muet à l'instruction; en effet, la loi du 28 mars 1882 l'a consacré comme celui de tous les petits Français en décrétant l'instruction obligatoire pour tous. Un règlement ultérieur devait, en ce qui concerne les sourds-muets, fixer les conditions dans lesquelles serait donné cet enseignement. Rien n'a encore été fait en leur faveur et ceux pour lesquels l'instruction est doublement nécessaire, ne reçoivent encore ce bienfait que grâce à la bienfaisance publique ou à la charité privée.

LE SOURD-MUET & LE CODE CIVIL

Comme tous les Français, jusqu'à l'âge de vingt et un ans, le sourd-muet est sous la dépendance de ses parents et n'agit que sous leur responsabilité. Sa majorité lui permet d'user de tous ses droits civils et politiques; il peut être : déclarant, témoin dans un acte public, partie dans le même acte; il peut avoir à faire des donations, en recevoir, tester, faire des actes sous seing privé, des actes notariés.

Examinons donc successivement quelle sera la situation du sourd-muet dans les diverses circonstances qui se présenteront pour l'exercice de ces différents droits.

Capacité du sourd-muet. Interdiction. Conseil judiciaire. — En général le sourd-muet n'est déclaré incapable de contracter par aucune loi; il le devient s'il est interdit ou s'il lui est donné un conseil judiciaire; mais en aucun cas son infirmité ne peut être une cause d'interdiction : seuls, son peu de développement intellectuel, l'idiotie, la folie, peuvent provoquer à son égard ces mesures de préservation.

Le sourd-muet déclarant. — La loi n'établissant en général aucune règle et ne faisant aucune exception pour ce droit, il est certain que tout sourd-muet peut l'exercer; mais en fait, il est nécessaire qu'il possède une certaine instruction et puisse se servir soit de la parole, soit de l'écriture.

Le sourd-muet témoin. — Bien qu'aucun texte de loi ne soit prohibitif, la plupart des auteurs refusent au sourd-muet le droit d'être témoin soit dans un acte public, soit dans un acte notarié; il ne peut, disent-ils, en remplir les devoirs d'une façon complète. Lorsqu'il s'agit du mariage, les maires, officiers de l'état civil, sont en général peu disposés aussi à accepter les sourds-muets comme témoins. Ajoutons que, pour notre part, nous ne voyons pas bien les inconvénients qui peuvent en résulter, lorsque le sourd-muet sait parler, lire ou écrire. Quelques-uns, très rares, il est vrai, ont pu servir de témoin, après avoir insisté de façon particulière auprès de l'officier de l'état civil.

Mariage des sourds-muets. — Le sourd-muet peut se marier, même s'il ne sait ni lire, ni écrire; aucun article du code civil ne fait la moindre restriction à ce sujet, il lui suffit de manifester sa volonté d'une façon certaine et probante.

Le maire qui procède à la célébration du mariage est seul responsable des mesures à prendre pour la façon dont le sourd-muet peut donner son consentement. S'il le juge nécessaire, il se fait assister d'un interprète, parent ou ami, ou d'un professeur spécial. Dans d'autres cas, il se contente de la lecture des actes par le sourd-muet et de son consentement donné par écrit.

Donations. — Le droit de propriété existe pour le sourd-muet comme pour tous les Français; il a donc la faculté de disposer comme tous de ses biens, de les vendre, d'en acheter, de les donner, de les léguer par testament.

Donations entre vifs. — Le sourd-muet peut recevoir une donation; s'il sait lire et écrire, il l'acceptera lui-même; s'il est sans instruction, il lui sera nommé un curateur *ad hoc*, chargé de l'acceptation en son lieu et place.

Nous verrons plus loin que le sourd-muet non instruit se trouve dans l'impossibilité absolue de tester. Les formes exigées par la loi dans les donations lui permettent de disposer de ses biens, même lorsqu'il ne sait ni lire, ni écrire; il suffit qu'il exprime librement et clairement par signes sa volonté formelle. Dans ce cas, la présence d'un interprète près du notaire s'impose d'une façon absolue, afin de constater et de transmettre la volonté expresse du sourd-muet donateur; il est en effet indispensable qu'il puisse se mettre en relation avec le notaire et les témoins afin de bien montrer à tous quelles sont ses intentions.

L'appréciation de cet acte revient au juge de fait, qui seul a pouvoir de constater dans quelles circonstances il s'est accompli, si le sourd-muet a bien exprimé librement sa volonté, et cela sans aucun contrôle de la part de la Cour de cassation.

Contrat de mariage. — Les observations qui nous ont été suggérées à l'occasion des donations subsistent en entier pour cet acte. Aucun empêchement légal ne prive le sourd-muet des droits de tous les Français. Seule, la présence d'un interprète est nécessaire, lorsque le sourd-muet est illettré. A notre avis, cette présence est même utile dans tous les autres cas, le notaire ne pouvant juger par lui-même du degré d'instruction de son client et se trouvant par là même incapable de constater si l'acte est entièrement compris et si les explications qu'il donne par écrit ou verbalement sont parfaitement saisies.

Testaments. — La loi française nous permet de tester de trois façons différentes et les formalités prescrites pour ces différents actes doivent être, dit l'article 1001 du code civil, observées d'une façon absolue sous peine de nullité. Il résulte de l'article 969 que nous pouvons faire un testament olographe, un testament par acte public ou un testament mystique. Il n'existe aucune exception de règle pour les sourds-muets ; voyons donc si l'absence de l'ouïe leur permet de remplir les conditions requises pour chacune de ces formes.

Testament olographe. — Ce testament doit être écrit en entier, daté et signé de la main du testateur. Il est donc bien évident que tout sourd-muet instruit qui sait écrire et qui comprend ce qu'il écrit pourra faire un testament olographe. Il est indispensable, et nous insistons sur ce fait qui pourrait être cause de l'annulation du testament, que le sourd-muet testateur ne se soit pas contenté de copier un modèle, mais qu'il soit en état de comprendre ce qu'il écrit et la portée des donations qu'il fait.

Testament par acte public. — Ce testament est reçu par deux notaires en présence de deux témoins ou par un notaire avec l'assistance de quatre témoins.

A peine de nullité on doit observer les formes suivantes : dictée par le testateur de ses intentions et dispositions, écriture par le notaire ou l'un des notaires s'ils sont deux, lecture du testament au testateur en présence des témoins, mention dans l'acte de ces trois premières formalités et signature du testament. Le sourd-muet sans instruction et même celui qui sait lire et écrire, mais ne parle pas, sont dans l'impossibilité évidente de faire ce genre de testament, la loi exigeant la dictée orale, une lecture semblable, et ne se contentant pas d'une dictée par signes, pas plus que d'une copie écrite. Il est admis d'autre part qu'une personne qui, par suite de maladie, ne saurait se faire entendre du notaire, ne peut faire non plus ce genre de testament. Par contre, il a été jugé que si le testateur est sourd, sans être muet, il peut tester par acte public. Il y a donc lieu de penser que nos sourds-muets instruits par la parole, et qui ne sont plus que des sourds, seraient capables de tester de cette manière en dictant oralement leurs volontés au notaire, et de lire, au besoin, sur les lèvres de celui-ci leur testament. Je ne pense pas qu'un notaire pourrait se refuser à recevoir un acte semblable que les tribunaux ne manqueraient pas de déclarer valable, puisqu'il satisfait à toutes les exigences, à toutes les formalités de la loi.

Testament mystique. — A condition qu'il l'écrive en entier de sa main, qu'il le date et le signe, le sourd-muet peut faire un testament mystique, mais il est toujours indispensable, comme pour le testament olographe, qu'il comprenne bien ce qu'il fait et la portée de son acte.

On voit donc, comme nous le disions plus haut, que seul le sourd-muet sans instruction se trouve de par la loi dans l'impossibilité évidente de tester d'aucune façon.

Actes sous seing privé. — Les sourds-muets instruits peuvent faire des actes sous seing privé dans les conditions ordinaires ; mais l'absence de toute instruction les oblige à recourir pour un acte quelconque à l'assistance du notaire.

Actes notariés. — Nous venons de voir que le sourd-muet illettré devait nécessairement avoir recours au notaire; lorsqu'il s'agira de l'assistance obligatoire de cet officier ministériel, nous aurons encore à distinguer entre le sourd-muet instruit et celui qui ne sait ni lire ni écrire, ce dernier ne pouvant entrer en relation directe avec son mandataire; pour celui-ci, l'entremise d'un interprète devient indispensable et nous pensons qu'elle est encore utile et nécessaire pour tous les autres. C'est d'ailleurs ce que comprennent les notaires d'une façon générale ; il est bien difficile, nous l'avons déjà dit, qu'ils puissent se rendre compte par eux-mêmes du degré d'instruction de leur client sourd-muet et savoir s'il comprend d'une façon très précise ce qu'il fait.

Dans ce cas, le rôle de l'interprète n'est pas uniquement de transmettre au notaire la pensée du sourd-muet, mais encore de lui donner avec l'aide de l'officier ministériel toutes les explications désirables sur l'acte qu'il va signer, sur son importance et les résultats qu'il peut avoir.

Il y a donc, comme nous le disions plus haut, un intérêt absolu pour le sourd-muet qui peut se trouver en opposition avec les autres parties contractantes. Aussi ne saurions-nous trop insister sur la nécessité d'un interprète pour tous les actes notariés.

Droits politiques et obligations diverses. — Tous les Français à leur majorité jouissent de leurs droits politiques, à moins qu'une condamnation ne les en ait privés, et chacun peut alors dans sa mesure personnelle concourir à l'administration, au gouvernement de la France. Le plus sacré de ces devoirs est celui d'électeur, et ce droit, le sourd-muet peut l'exercer comme chacun de nous ; mais il va sans dire qu'il ne s'en servira d'une façon complète et utile que si l'instruction lui a permis d'en comprendre toute l'importance.

Le sourd-muet doit aussi satisfaire, comme tous, aux obligations des lois et son infirmité ne peut, en principe, lui permettre de se soustraire à aucune ; une des plus importantes est le paiement des impôts. S'il n'est pas tenu à l'obligation du service militaire, c'est qu'il trouve comme d'autres citoyens une cause de réforme qui ne lui permet pas de la remplir d'une façon utile pour son pays. N'avons-nous pas vu des sourds-muets patriotes réclamer en temps de guerre le droit de défendre leur patrie et quelques-uns se faire tuer en cherchant à remplir ce devoir ?

LE SOURD-MUET
& LE CODE D'INSTRUCTION CRIMINELLE

Le sourd-muet peut se trouver appelé devant la justice de son pays comme accusé ou comme témoin d'un crime ou d'un délit ; nous allons examiner successivement sa situation dans ces deux cas.

Le sourd-muet accusé. — Nous trouvons dans le code d'instruction criminelle un des rares articles qui s'occupent du sourd-muet, l'article 333; comme nous aurons à nous y reporter à différentes reprises au cours de cette étude, nous allons le citer en entier. Un autre article du même code, l'article 332, quoique ne s'y rapportant pas directement, pourra également lui être appliqué ; nous en donnerons aussi le texte.

« Art. 333. — Si l'accusé est sourd-muet et ne sait pas écrire, le président nommera d'office pour son interprète la personne qui aura le plus d'habitude de converser avec lui. Il en sera de même à l'égard du témoin sourd-muet. Le surplus des dispositions du précédent article sera exécuté. Dans le cas où le sourd-muet saurait écrire, le greffier écrira les questions et observations qui lui seront faites; elles seront remises à l'accusé ou au témoin, qui donneront par écrit leurs réponses ou déclarations. Il sera fait lecture du tout par le greffier. »

« Art. 332. — Dans le cas où l'accusé, les témoins, ou l'un d'eux, ne parleraient pas la même langue, ou le même idiome, le président nommera d'office, à peine de nullité, un interprète âgé de vingt-un ans au moins, et lui fera, sous la même peine, prêter serment de traduire fidèlement les discours à transmettre entre ceux qui parlent des langages différents.

« L'accusé et le procureur général pourront récuser l'interprète en motivant leur récusation. La cour prononcera. L'interprète ne pourra, à peine de nullité, même du consentement de l'accusé, ni du procureur général, être pris parmi les témoins, les juges et les jurés. »

Le sourd-muet arrêté. — Lorsqu'un sourd-muet pour une cause quelconque se trouve mis en état d'arrestation, il est conduit, à Paris, devant le commissaire de police qui juge si elle doit être maintenue, en province à la gendarmerie. Que se passe-t-il généralement? Le sourd, quand il est reconnu tel, est interrogé par écrit; s'il comprend ce qu'on lui demande, il répond et peut au besoin se disculper; s'il n'a pas saisi la question, il répond tout de même, de façon plus ou moins incompréhensible; mais jamais il n'écrira: « Je n'ai pas compris. » Quant au magistrat, du moment que son prisonnier a écrit, il est convaincu que, sachant écrire, il est parfaitement au courant de ce qu'on lui a demandé.

Il ne m'est arrivé qu'une seule fois dans ma carrière d'être appelé chez un commissaire de police de Paris; il s'agissait d'explications à donner au sujet d'une lettre anonyme accusant un sourd-muet d'avoir incendié une maison. Je dois ajouter que l'assistance d'un interprète dans le cas présent était certainement inutile : le sourd-muet dont il s'agissait était absolument capable de s'expliquer et de se disculper lui-même; je me contentai de donner sur son compte les renseignements réclamés par l'officier de police; l'affaire n'eut aucune suite.

Instruction de l'affaire. — Si l'arrestation est maintenue, le sourd-muet est envoyé au dépôt; un juge d'instruction est alors chargé d'étudier l'affaire, de se rendre compte de sa gravité, de prendre légalement toutes mesures et de lui donner la suite qu'elle comporte.

Dès que le juge s'est aperçu de l'infirmité du prévenu, il a le devoir de se préoccuper de la nécessité d'un interprète pour entrer en relation complète avec lui. A Paris, c'est une règle absolue que se sont imposée tous les juges d'instruction, et leur grand souci de la vérité et de la justice leur fait appeler dans chacun des cas qui se présentent l'interprète-expert assermenté près les tribunaux du ressort de la cour d'appel de Paris.

Comme on l'a vu par la citation que nous avons faite de l'article 333 du code d'instruction criminelle, l'obligation pour les magistrats d'un interprète ne s'impose pas de façon absolue. Or, il est bien entendu qu'un sourd-muet doit, non pas écrire machinalement, mais savoir ce qu'il exprime et d'abord bien comprendre ce qu'on lui demande ; comment un magistrat peut-il être bien sûr que celui auquel il s'adresse remplit ces conditions ?

Dans l'intérêt même du prévenu, il est indispensable qu'un interprète apporte son concours au juge d'instruction et puisse faire à l'occasion aux lieu et place du sourd-muet toutes les observations que nécessitera sa défense (1).

Dans ce cas, la convocation spéciale de l'interprète est faite par le juge d'instruction lui-même.

De la responsabilité du sourd-muet. — Avant d'aller plus loin, il est temps d'examiner quelle est la responsabilité du sourd-muet en matière criminelle. Quel que soit l'acte délictueux commis, son infirmité ne peut être pour lui une cause d'excuse admise par le code. Les sourds-muets instruits ont toujours réclamé à juste titre leur entière responsabilité devant la loi, prétendant avec raison que l'absence d'une faculté physique ne diminuait en aucune façon l'intelligence et la volonté. Nul n'étant censé ignorer la loi, cela est aussi vrai pour le sourd-muet que pour nous tous, et cependant s'il est possible à tous les Français, même à ceux ne sachant ni lire ni écrire, d'avoir une connaissance plus ou moins superficielle des lois de leur pays, le sourd-muet sans instruction, séparé du monde par une barrière infranchissable, ignore même ce que c'est que la loi, qu'il peut en exister et qu'elles obligent avec des pénalités pour ceux qui ne s'y conforment pas.

Il est bien certain que, même sans instruction, le sourd intelligent comprend en partie l'acte délictueux qu'il a commis ; mais le sens moral non développé par l'éducation ne lui donne pas la même résistance au mal, et d'un autre côté, il en voit moins l'importance et ignore à quelles punitions

(1) Voir à ce sujet les observations publiées dans la *Revue générale de l'enseignement des sourds-muets*, 3e année, juin 1901, p. 53 : *Un sourd-muet devant la justice française.* — 3e année, juillet 1901, p. 54 : *De la nécessité d'un interprète pour les sourds-muets en justice.* — 4e année, pp. 117 et 136 : *Le testament d'une sourde-muette devant les tribunaux.* — 5e année, p. 167 : *Les sourds-muets en justice de paix. La loi sur les accidents du travail.* — Même année, p. 154 : *L'identité d'un sourd-muet.*

il s'expose. Aussi, les juges appréciateurs des actes et chargés de l'application des lois n'hésitent jamais à accorder aux sourds-muets toute l'indulgence dont ils peuvent disposer en leur faveur.

La responsabilité morale du sourd-muet n'est en effet complète que lorsque l'intelligence suffisante a pu être développée par l'instruction et l'éducation. Elle est d'autant plus atténuée que celles-ci ont été négligées, et dans le cas assez fréquent où des lésions cérébrales consécutives à la surdité n'ont pas permis une culture intellectuelle.

C'est en tenant compte de cette responsabilité limitée que les juges appliquent la peine en accordant toute l'indulgence dont la loi leur permet d'user.

Le sourd-muet en police correctionnelle, en appel. — L'instruction terminée, le prévenu est renvoyé soit devant la juridiction correctionnelle, soit devant la cour d'assises, à moins qu'une ordonnance de non-lieu rendue par le juge en sa faveur ne l'ait remis en liberté.

Pour le tribunal correctionnel, la convocation de l'interprète est faite sur réquisition du procureur de la République. C'est alors surtout que son utilité se fait sentir d'autant plus vivement que le sourd-muet, pour des délits de peu d'importance, est abandonné à lui-même, souvent sans avocat, et qu'il n'a pas la possibilité, comme tout accusé, d'excuser, d'atténuer sa faute, voire même de se disculper au besoin. La question de la responsabilité que nous traitions plus haut se trouve posée et soumise à l'appréciation du tribunal. Qui pourra mieux le renseigner que le professeur interprète, celui-ci ayant été à même d'apprécier l'état d'instruction du sourd-muet et le développement de son sens moral?

Nous sommes heureux d'ajouter que nous avons toujours constaté la plus grande bienveillance des tribunaux devant lesquels nous avons eu l'honneur de nous présenter, et que grand compte a toujours été tenu des déclarations faites par l'interprète à ce sujet.

S'il y a appel d'un jugement condamnant le sourd-muet, les considérations précédentes s'appliquent à la cour d'appel. Le tribunal, désireux de s'éclairer, ne manquera pas de s'adjoindre un interprète dans le cas où il lui sera utile ou indispensable.

Le sourd-muet en cour d'assises. — Lorsqu'un accusé est renvoyé par la chambre des mises en accusation devant la cour d'assises, la loi exige qu'il soit interrogé avant l'ouverture des débats par le président des assises ou le juge délégué par lui. Pour cet interrogatoire, la présence d'un interprète n'est pas nécessaire à peine de nullité ; mais le président peut recourir à cette intervention s'il la juge utile. Nous avons eu occasion de nous rendre une fois à Paris à une semblable convocation.

C'est le président des assises qui nomme l'interprète chargé d'assister le sourd-muet aux débats. La loi, nous l'avons vu, distingue entre celui qui est sans instruction et celui qui sait écrire ; nous ne répèterons pas à nouveau ce qu'elle entend par *savoir écrire,* nous nous en sommes déjà expliqué ; mais nous ne cesserons de redire qu'il est presque toujours impossible pour les magistrats de se rendre compte si l'instruction est suffisante, si elle permet au sourd-muet de comprendre d'une façon utile ce qu'on lui dit, d'y répondre clairement et non par monosyllabes laissant toujours planer un doute.

Si, au contraire, l'accusé ne sait écrire, la nomination d'un interprète devient nécessaire ; elle appartient, comme nous le disions, au président du tribunal ou à la cour.

Lorsque le sourd-muet sait écrire, l'écriture doit être préférée : telle est la lettre de l'article du code. Nous ne saurions trop nous élever contre cette pratique absolue, et même dans le cas où le sourd-muet semble savoir écrire et comprendre, la présence d'un interprète rendra toujours de grands services au tribunal.

Qui pourrait affirmer que des questions posées, et n'ayant comme réponse qu'un oui ou un non, ont été parfaitement comprises, et comment en déduire que la vérité et la justice y trouveront leur compte ?

Nous ne rechercherons pas ici quelles pièces doivent être traduites par l'interprète pendant les débats ; la cour de cassation, dans des arrêts motivés, a fixé des règles à cet égard et le président des assises ne peut que s'y conformer, tout en restant juge des autres traductions à faire. Ajoutons que l'accusé sourd-muet, assisté de son avocat-conseil et de son interprète, se trouve dans les meilleures conditions possibles pour présenter sa défense.

Le sourd-muet témoin. — Les mêmes distinctions sont faites dans ce cas par le code, entre le sourd-muet sans instruction et celui sachant lire et écrire. Pour le premier, elle édicte la présence d'un interprète; le second peut prêter serment et faire sa déposition par écrit en répondant aux questions qui lui sont posées. Nous ferons à ce sujet les mêmes réserves que précédemment : une déposition peut avoir pour un accusé une importance décisive, et des réponses affirmatives ou négatives d'un sourd-muet ne prouvent nullement la compréhension entière et exacte des questions posées.

Le sourd-muet en justice de paix, devant le conseil des prud'hommes et au tribunal de commerce. — Nous rencontrons assez fréquemment le sourd-muet appelé ou poursuivant devant le juge de paix pour des causes parfois lamentables. C'est le boulanger qui réclame le prix de son pain, le propriétaire qui a saisi les meubles d'un malheureux sans travail, quelquefois encore un sourd-muet qui appelle un de ses frères en infortune pour régler un différend, un malentendu. Ici, le temps presse et devant ce tribunal de conciliation la loi n'a prescrit aucune forme : c'est la justice voulant se faire paternelle; mais voyez l'embarras du magistrat qui ne peut se faire comprendre. Les plaignants se tirent d'affaire comme ils peuvent, de l'interprète on n'en a cure. Le juge de paix n'en réclame point; c'est aux parties à se pourvoir comme elles peuvent. Si le sourd-muet est poursuivi, le juge est mis au courant de l'affaire par le créancier; si, au contraire, c'est le sourd-muet peu au courant de la procédure qui se présente, le magistrat ne sait à qui entendre et notre plaignant, en possession de son permis de citer, croit avoir remporté une victoire qui lui permettra seulement d'allonger les frais pour sa maigre bourse.

Que de fois ne nous est-il pas arrivé d'arranger une affaire en l'exposant simplement par lettre au juge de paix! Dans d'autres cas, nous n'avons cessé de recommander au sourd-muet d'éviter des frais inutiles et de s'entendre, si faire se pouvait, à l'amiable avec son adversaire.

Le sourd-muet se rend bien rarement devant le conseil des prud'hommes et il est encore plus rare de le retrouver au tribunal de commerce. Nous en avons eu cependant un exemple : il s'agissait d'un sourd-muet qui, ayant voulu fonder une banque, avait choisi comme secrétaire général un autre sourd-muet. Bien que les emprunteurs, sourds-muets aussi, naturellement, fussent venus nombreux, la banque ne fit pas d'affaires, le banquier étant sans capitaux ; celui-ci rendit donc la liberté à son secrétaire, mais sans le payer, sans tenir aucun de ses engagements. Le pauvre secrétaire chercha à transiger avec son ex-patron et, sur le refus de celui-ci, l'attaqua devant le tribunal de commerce. Je fus amené à fournir par lettre un exposé de l'affaire au juge rapporteur. J'ai su depuis que mes conclusions avaient été adoptées et que le pseudo-banquier, condamné, s'était enfin décidé à payer.

Comme on a pu le voir au cours de cette étude, la loi a réservé surtout ses exceptions pour le sourd-muet qui n'a pas acquis une instruction suffisante ou n'en a recu aucune. Un des vœux que nous aurons à formuler, vœu adopté par le congrès international d'assistance publique et de bienfaisance privée en 1900, serait qu'une loi intervienne en faveur de nos sourds-muets et les mette tous dans l'obligation et surtout dans la possibilité de recevoir l'instruction qui leur est si nécessaire. Nous avons également insisté d'une façon toute particulière sur la présence d'un interprète lorsqu'il s'agit d'actes importants ou lorsque le sourd-muet est appelé en justice ; nous ne saurions trop rappeler qu'il y va de l'intérêt de la vérité.

LE DROIT A L'ASSISTANCE

Le droit à l'assistance est un des principes sociaux que la loi tend à étendre de plus en plus; les malades, les pauvres, les infirmes, les vieillards voient la société s'imposer de grands sacrifices pour assister et ne pas abandonner ses membres dans le besoin. Depuis un siècle, en même temps que se créaient de nombreuses écoles pour les sourds-muets, des sociétés d'assistance, de protection, se fondaient pour les secourir et les aider.

Nous ne citerons que la Société centrale d'éducation et d'assistance, fondée il y a une cinquantaine d'années, la Société pour l'instruction et la protection des sourds-muets par l'enseignement simultané, créée en 1866 par A. Grosselin, toutes deux reconnues d'utilité publique.

Les sourds-muets eux-mêmes ont compris ce devoir et ont voulu l'exercer; c'est ainsi que notre ancien collègue Ferdinand Berthier, professeur sourd-muet, fondait en 1838 la Société universelle, devenue l'Association amicale des sourds-muets et transformée tout récemment en Société de secours mutuels des sourds-muets de Seine et de Seine-et-Oise. Nous trouvons plus tard la Société d'appui fraternel organisée en 1880 par M. Cochefer, l'Association fraternelle de la Normandie, de M. A. Capon, et enfin la brillante Association amicale des sourds-muets de la Champagne, créée à Reims en 1894 par MM. Emile et Henri Mercier, d'Epernay, qui passe à juste titre pour le modèle de toutes.

Nous ne pouvons que les féliciter, les engager à persévérer dans cette voie, à se grouper, à s'entendre. La charité est le plus doux des devoirs, celui qui procure les plus intimes satisfactions; ils ont montré en l'exerçant qu'ils sont des hommes comme nous et que l'abbé de l'Epée a véritablement été pour eux un rédempteur, un régénérateur qui a le droit d'être fier de ses enfants.

Paris. — Atelier typographique de l'Institution nationale des Sourds-Muets.

DU MÊME AUTEUR.

Catalogue de la bibliothèque de l'Institution nationale des sourds-muets de Paris (en collaboration avec M. le docteur Peyron). — In-8°, VIII et 66 p., 1883.

Historique des méthodes à l'Institution nationale des sourds-muets de Paris (discours). — In-8°, 20 p., 1883.

Compte rendu du 3e Congrès national pour l'amélioration du sort des sourds-muets. Congrès de Paris, 1885. — (En collaboration avec le docteur Ladreit de Lacharrière). — In-8°, 136 p., Paris, 1886.

Etude biographique et iconographique sur l'abbé de l'Épée. — In-8° jésus, 39 p., 1886.

Revue bibliographique de l'éducation des sourds-muets, etc., publiée sous la direction de Ad. Bélanger, 1885.

Revue française de l'éducation des sourds-muets, etc., publiée sous la direction de Ad. Bélanger. — 10 années, 1886-1895.

Bibliographie générale de tous les ouvrages parus en France ou en langue française sur l'enseignement des sourds-muets. — In-8°, III et 88 p., 1889.

Bibliographie générale, etc., 2e édition. — In-8°, 114 p., 1893.

La lecture sur les lèvres mise à la portée des personnes devenues sourdes. — In-8°, 24 p., 1891.

Une infirmité qui disparaît. — Les sourds-muets en France. (*Le Monde Moderne*), juin 1895. — Paris, Quantin.

Catalogue de la bibliothèque de l'Institution nationale des sourds-muets de Paris 1re partie : Enseignement des sourds-muets.— Ouvrages en langue française. — Préface : Histoire de la Bibliothèque. — In-8°, 98 p., Paris, 1897.

La lecture sur les lèvres mise à la portée des personnes devenues sourdes. — 2e édition, entièrement refondue. Grand in-8°, 35 p., Paris, 1904.

Oscar Claveau, inspecteur général honoraire des établissements de bienfaisance au Ministère de l'Intérieur, etc. Sa vie, son œuvre, avec portrait. — Paris, 1905.

L'ABBÉ DESCHAMPS : *De la manière de suppléer aux oreilles par les yeux.* Pour servir de suite au cours élémentaire des sourds et muets. — Paris, Debure l'aîné, 1783. — (Edition publiée en 1894 par les soins de Ad. Bélanger, bibliothécaire de l'Institution nationale des sourds-muets, in-8°, 48 p.)

www.ingramcontent.com/pod-product-compliance
Ingram Content Group UK Ltd.
Pitfield, Milton Keynes, MK11 3LW, UK
UKHW021032220726
13924UKWH00001B/277